MINISTÈRE DE L'INSTRUCTION PUBLIQUE
ET DES BEAUX-ARTS

MÉMOIRE

SUR LES CONDITIONS

DANS LESQUELLES

LES ÉTRANGERS DOIVENT AVOIR L'ACCÈS

DES TRIBUNAUX FRANÇAIS

PAR M. PASCAUD

CONSEILLER À LA COUR D'APPEL DE CHAMBÉRY
CORRESPONDANT DU MINISTÈRE DE L'INSTRUCTION PUBLIQUE
MEMBRE CORRESPONDANT DE L'ACADÉMIE DE LÉGISLATION DE TOULOUSE
MEMBRE DE LA SOCIÉTÉ DE LÉGISLATION COMPARÉE

(Extrait du *Bulletin des sciences économiques et sociales du Comité
des travaux historiques et scientifiques*, année 1898.)

PARIS

IMPRIMERIE NATIONALE

M DCCC XCVIII

MINISTÈRE DE L'INSTRUCTION PUBLIQUE
ET DES BEAUX-ARTS

MÉMOIRE

SUR LES CONDITIONS

DANS LESQUELLES

LES ÉTRANGERS DOIVENT AVOIR L'ACCÈS

DES TRIBUNAUX FRANÇAIS

PAR M. PASCAUD

CONSEILLER À LA COUR D'APPEL DE CHAMBÉRY
CORRESPONDANT DU MINISTÈRE DE L'INSTRUCTION PUBLIQUE
MEMBRE CORRESPONDANT DE L'ACADÉMIE DE LÉGISLATION DE TOULOUSE
MEMBRE DE LA SOCIÉTÉ DE LÉGISLATION COMPARÉE

(Extrait du *Bulletin des sciences économiques et sociales du Comité
des travaux historiques et scientifiques*, année 1898.)

PARIS

IMPRIMERIE NATIONALE

M DCCC XCVIII

MÉMOIRE

SUR LES CONDITIONS

DANS LESQUELLES

LES ÉTRANGERS DOIVENT AVOIR L'ACCÈS

DES TRIBUNAUX FRANÇAIS.

Notre époque, avec ses remarquables progrès économiques et sociaux, avec les relations multiples qui s'établissent de pays à pays, d'individus à individus étrangers les uns aux autres, avec la pénétration réciproque des nations les unes par les autres, avec l'assimilation plus ou moins complète de leurs principes de droit, peut-elle encore se confiner dans cet étroit exclusivisme qui refuse à l'étranger le droit d'obtenir justice devant les tribunaux de l'État sur le territoire duquel il a fixé son domicile ou sa résidence? A n'envisager que ces considérations, il semble que poser la question, c'est la résoudre par la négative, et tel est bien le point de vue auquel se sont placés nombre de juristes. Mais si, au contraire, on s'en réfère à la jurisprudence française, on entrevoit les difficultés que présente la solution à trouver, alors surtout que l'échafaudage d'arrêts accumulés sur la question depuis la promulgation de nos codes paraît d'autant plus solide, chose bizarre, qu'il repose beaucoup plus sur des affirmations doctrinales que sur des textes précis.

Pour l'examen complet du point de droit qui nous occupe, nous avons à rechercher successivement quels sont les principes qui devraient prévaloir dans l'état actuel de notre législation, quelles dispositions législatives seraient propres à modifier les tendances de notre jurisprudence, et enfin quels sont les errements suivis dans cet ordre d'idées par les principales nations étrangères.

I

Si l'on examine sur quelles prescriptions de nos lois peut se fonder le système qui exclut les étrangers de nos tribunaux, on est amené à reconnaître qu'il n'y en a pas d'autres que celles qui sont contenues dans les articles 11, 13, 14 et 15 du Code civil. Elles se résument ainsi : l'étranger jouit en France des mêmes droits civils que ceux qui sont ou seront accordés aux Français par les traités de la nation à laquelle cet étranger appartient, à moins qu'il ne soit autorisé par le gouvernement à établir son domicile en France, auquel cas la plénitude de jouissance de tous les droits civils lui est conférée tant qu'il continue à y demeurer. Alors même qu'ils

n'y ont aucune résidence, les étrangers peuvent être cités devant les tribunaux français pour l'exécution des obligations par eux contractées avec des
Français soit en France, soit dans d'autres États. De même le Français est
justiciable des tribunaux de notre pays pour les obligations par lesquelles
il s'est engagé à l'étranger même envers des étrangers.

Où peut-on voir dans cet ensemble de règles un principe en vertu duquel l'extranéité des plaideurs leur interdit de soumettre leurs différends
aux juridictions françaises? On doit tout d'abord remarquer que notre Code
civil n'a nulle part défini les droits civils dont la jouissance est attribuée à
l'étranger sous la condition de réciprocité. Quels sont donc ces droits? Si
l'on interroge les travaux préparatoires du Conseil d'État, on y voit que ni
dans le rapport de Siméon au Tribunat, ni dans le discours du tribun Gary,
il n'est fait mention, même indirectement, du droit d'ester en justice. Voici
comment s'exprime, en ce qui touche les droits civils, le premier de ces
législateurs, le 25 frimaire an x :

«Ce qui caractérise essentiellement le droit civil, c'est donc d'être propre
et particulier à un peuple, et de ne point se communiquer aux autres nations; il ne se communique point, parce que les hommes attachés à une terre
étrangère, citoyens ou sujets dans leur patrie, ne peuvent être en même
temps citoyens ailleurs. Soumis à une domination étrangère, ils sont affectés
par la loi civile de leur pays, c'est-à-dire par le droit propre et particulier
de la nation dont ils sont membres; ils ne peuvent, par conséquent, recevoir les impressions d'un autre droit civil propre et particulier à une autre
nation. Les successions étant de droit civil, parce que c'est la loi qui les
défère ou qui permet d'en disposer, la capacité de succéder est un des principaux effets du droit civil proprement dit.

«Au contraire, les effets du droit naturel se communiquent partout à
l'étranger comme au citoyen. Pour en jouir, il n'est pas nécessaire d'être
membre d'une certaine nation plutôt que d'une autre; il suffit d'être
homme.

«C'est du droit naturel que dérivent presque tous les contrats. Les particuliers sont obligés entre eux, et dans le même État et d'un État à l'autre,
par toutes les conventions licites qu'ils font réciproquement. Si les étrangers ne peuvent réclamer les droits qui naissent de la loi civile, tels que
ceux des successions et des testaments, ils peuvent, tout comme les citoyens, exercer les actions qui descendent des contrats. C'est là le droit
général. Ils peuvent, à moins d'une loi prohibitive expresse, acquérir et
posséder des biens, les échanger, les vendre, les donner entre vifs, mais ils
ne peuvent ni disposer ni recueillir à cause de mort.»

On sait que les dispositions relatives aux successions *ab intestat* ou testamentaires dévolues aux étrangers ont été abrogées en 1819.

Il ne ressort, d'ailleurs, du langage de Siméon rien qui puisse impliquer
que si les étrangers ont le droit de contracter, il leur est interdit de faire va-

loir en justice les conventions qu'ils ont conclues. Rien non plus ne permc d'en induire qu'ils ne sont pas fondés à constituer nos tribunaux appréciateurs des droits qu'ils puisent dans leur loi propre, pourvu, bien entendu, que cette loi ne soit pas contraire à des dispositions d'ordre public de notre législation.

Sur le sens et la portée de l'article 11 du Code civil quant aux droits civils qui peuvent être concédés aux étrangers, il n'existe pas moins de trois systèmes : le premier, qu'admettent notamment MM. Demolombe et Féraud-Giraud, restreint cette concession à ceux de ces droits qui sont l'objet d'une disposition spéciale et formelle. D'où cette conséquence qu'aucun texte n'accordant expressément à l'étranger la faculté d'ester en justice, l'accès de nos prétoires judiciaires leur est refusé. D'après une autre opinion qu'enseignent MM. Valette, Demangeat et autres et qui est le contrepied de la solution précédente, puisque tout ce qui n'est pas défendu est licite, les étrangers jouissent de tous les droits civils qu'une disposition expresse ne leur a pas enlevés. Dès lors, ils peuvent faire valoir leurs droits devant nos tribunaux. Enfin, un dernier système distingue entre les droits civils qui, comme la faculté de plaider, dérivent plutôt du *Jus gentium,* de cette espèce de droit général et naturel qui appartient à tous, quelle que soit leur nationalité, et les droits civils au sens strict du mot, qui sont du domaine exclusif d'une nation. C'est, à notre sens, cette dernière interprétation qui devrait l'emporter.

Mais pour ceux qui douteraient de l'exactitude juridique de notre solution, il est une ressource : c'est de rechercher si parmi les dispositions du Code civil que nous avons fait connaître, celles de l'article 14, notamment, ne se trouvent pas des éléments décisifs d'appréciation de nature à supprimer toutes les hésitations. La lecture du texte dont s'agit démontre à première vue qu'il contient au profit du Français un privilège de juridiction, une dérogation aux règles de la compétence qui exigent que le défendeur soit assigné devant le tribunal de son domicile ou de sa résidence. Mais il est muet en ce qui concerne les réclamations qu'un étranger peut avoir à faire valoir contre un autre étranger. Il semble donc que cet étranger devra se conformer aux principes du droit commun d'après lesquels l'action doit être portée devant le tribunal du domicile ou de la résidence du défendeur.

Cette interprétation est corroborée par la discussion qui eut lieu sur l'article 14 du Code civil, dans la séance du 6 thermidor an ix, au Conseil d'État et que Locré (t. II, p. 44) rapporte de la manière suivante :

« M. Defermon rappelle la seconde exception proposée par le consul Cambacérès pour les étrangers qui, ayant procès l'un contre l'autre, consentent à plaider devant un tribunal français; il considère ce consentement comme établissant un arbitrage qui doit avoir son effet.

« Il demande si un étranger peut traduire devant un tribunal français un autre étranger qui a contracté envers lui une dette payable en France.

«M. Tronchet répond que le principe général est que le demandeur doit porter son action devant le juge du défendeur; que cependant, dans l'hypothèse proposée, le tribunal aurait le droit de juger si sa juridiction n'était pas déclinée.

«M. Defermon fait observer que ce serait éloigner les étrangers des foires françaises, que de leur refuser le secours des tribunaux pour exercer leurs droits sur les marchandises des étrangers avec lesquels ils ont traité.

«M. Réal répond que, dans ce cas, les tribunaux de commerce prononcent.

«M. Tronchet ajoute que la nature des obligations contractées en foire ôte à l'étranger défendeur le droit de décliner la juridiction des tribunaux français; mais l'article en question ne préjuge rien contre ce principe; il est tout positif, on ne peut donc en tirer une conséquence négative. Il ne statue que sur la manière de décider les contestations entre un Français et un étranger, et ne s'occupe pas des procès entre étrangers. »

Ainsi le législateur a pris soin de trancher la question dans la discussion du Code civil. Si donc il n'a pas changé d'opinion lorsque fut discuté l'article 59 du Code de procédure civile qui édicte que le demandeur doit assigner le défendeur devant le tribunal civil de son domicile ou, à défaut de domicile, devant le tribunal de sa résidence, nous croyons que toute controverse devrait être impossible.

Or, ni au Conseil d'État, ni au tribunat (voir Locré, séance du 5 floréal an XIII, et observations du tribunat du 7 prairial de la même année), il ne fut échangé au sujet de l'article 59 aucune appréciation de nature à restreindre sa portée pour les procès entre étrangers. On se borna à régler la compétence conformément aux droits reconnus à la défense dans toutes les législations sans même laisser supposer que cette règle pût être inapplicable aux contestations des étrangers entre eux.

Cependant la jurisprudence n'a jamais voulu admettre que telles aient été les intentions du législateur, et sur cette question de la compétence des tribunaux français pour connaître des procès entre étrangers, elle est parfois tombée dans de singulières inconséquences. Si l'étranger se voit privé de la faculté de soumettre à nos juridictions le différend qu'il a avec un autre étranger, c'est, tout porte à le croire, parce que n'ayant ni son domicile ni sa résidence en France, il a dès le début de l'instance demandé son renvoi devant ses juges naturels. Si cette exception d'incompétence purement relative n'est pas proposée en temps utile, elle est couverte. Comment dès lors admettre que les tribunaux peuvent l'adopter d'office ou l'écarter à leur gré? Ce ne pourrait être que parce que ce moyen touche à l'ordre public et aux attributions de nos juridictions. Par suite, les tribunaux ne devraient pas être fondés à le repousser ou à l'accueillir au hasard de leurs inspirations; il y aurait lieu pour eux de le rejeter toujours et en tout état de cause. Qu'est-ce donc que cette incompétence au caractère variable, tantôt absolue, tantôt relative, qui se couvre ou ne couvre pas, à la volonté du juge? Création antijuridique de la jurisprudence, elle ne peut même pas invoquer en faveur de son existence artificielle de solides considérations de principe.

On a prétendu que les magistrats français étaient institués pour rendre la justice à nos nationaux et qu'ils ne la devaient aux étrangers que dans le cas où l'intérêt du pays l'exigerait. La Cour suprême s'est même inspirée autrefois de ces motifs pour se prononcer dans le sens de l'incompétence. Cette théorie, dont le désaccord avec les principes admis par la plupart des législations étrangères est manifeste, ainsi que nous le verrons plus loin, a aussi le grave inconvénient d'être contraire à l'intérêt social et national. L'ordre et la sécurité publics, la bonne administration de la justice n'exigent-ils pas que les droits de tous ceux qui résident sur notre territoire soient l'objet d'une protection et de garanties efficaces, quelle que soit leur nationalité? Et si les étrangers qui peuvent contracter et acquérir en France voient leurs intérêts méconnus et compromis parce qu'on leur refuse la faculté de les défendre en justice, n'est-il pas à craindre que des mesures de représailles ne soient prises à l'encontre des Français expatriés? Voilà certes un point de vue dont on ne saurait faire abstraction.

De ce que les lois de police et de sûreté seules obligent à leur observation tous ceux qui habitent le territoire français sans distinction, certains esprits n'hésitent pas à conclure que les étrangers ne peuvent invoquer le bénéfice des lois qui règlent la compétence et l'ordre des juridictions. Ce raisonnement cependant serait peu convaincant, si l'on adopte l'opinion de M. Demolombe. L'éminent juriste étend, en effet, la qualification de lois de police et de sûreté à toutes les dispositions qui concernent l'ordre public, et il n'est pas douteux que les lois qui établissent les tribunaux et déterminent leurs attributions sont dès lors d'ordre public. On pourrait donc en induire, comme on l'a fait en Belgique, que les étrangers peuvent leur être soumis et partant qu'ils ont le droit de s'en prévaloir. En tout cas, on ne saurait tirer de l'article 3 du Code civil, cette conclusion excessive que l'obligation imposée à l'étranger d'obéir aux lois de police et de sûreté lui enlève implicitement le droit de saisir les tribunaux des contestations qui se produisent entre lui et un autre étranger, uniquement parce que le texte en question ne vise pas ce droit. Ce n'est pas seulement en matière pénale, mais aussi en matière civile que tout ce qui n'est pas formellement défendu devient par cela même licite, alors surtout qu'on rentre dans l'application du droit commun.

Mais, dira-t-on, les juges français saisis par les étrangers de leurs différends ne sont pas tenus de connaître toutes les lois étrangères. Il est convenable que les lois d'un État soient appliquées par les magistrats de cet État, sinon les parties seraient exposées à voir leurs intérêts compromis par les plus regrettables erreurs. Cette objection est sans portée, puisque les articles 14 et 15 du Code civil, qui attribuent une compétence générale à nos tribunaux pour les contestations entre étrangers et nationaux, ne leur imposent pas l'obligation de statuer exclusivement en vertu des lois françaises. Aussi bien, si l'on voulait tenir compte de considérations de cette nature, on pourrait en arriver à soutenir que les juges nationaux ne devraient pas apprécier la validité des conventions conclues en pays étranger par des Français avec des étrangers, car il y aurait lieu à l'application de la loi étrangère. Or personne n'a encore osé émettre une aussi excessive opinion.

On prétend encore que si nos tribunaux avaient à appliquer la législation étrangère, il en résulterait la perte d'un temps précieux au grand préjudice des nationaux dont les affaires resteraient en souffrance. Cet argument est dépourvu de valeur. Si nos magistrats sont surchargés, on en augmentera le nombre, mais on ne saurait étayer sur des considérations d'ordre matériel comme l'insuffisance numérique du personnel judiciaire, la justification d'un système qui aboutit, selon nous, à un véritable déni de justice.

Enfin, les partisans de l'incompétence soutiennent qu'il n'est pas possible à nos juridictions de rendre des décisions dont elles ne pourraient assurer la sanction et procurer l'exécution, ce qui arriverait souvent dans le cas où ils appliqueraient une loi étrangère dans les litiges entre étrangers. A cette objection, la réponse est facile. N'y a-t-il pas lieu souvent à l'application de ces mêmes lois dans les contestations qui se produisent entre nos nationaux et les étrangers ? N'applique-t-on pas également nos lois en dehors des limites de notre territoire ? Dans ces diverses hypothèses, on procède, pour l'exécution, par la voie d'une demande d'*exequatur*. Les tribunaux qui l'accordent ont, il est vrai, dans une certaine mesure, le droit de reviser la décision, mais cette revision ne peut porter que sur les dispositions qui seraient contraires à l'ordre public international. Telles sont les règles généralement admises en cette matière aussi bien dans notre pays que chez les autres nations.

La jurisprudence a du reste si bien reconnu elle-même les inconvénients en certains cas du système créé par elle qu'elle a dû y apporter de nombreux tempéraments. Ainsi, elle a admis la compétence des tribunaux civils français en matière d'action immobilière, pétitoire ou possessoire, réelle ou mixte, relative à des immeubles situés en France, pour toutes les affaires entre étrangers où l'intérêt public se trouve engagé, comme les actions dérivant de délits ou de quasi-délits commis en France par un étranger au préjudice d'un autre étranger, pour toutes les mesures urgentes, indispensables au bon ordre, qu'il y a lieu de prendre à titre provisoire. Il en est de même en ce qui touche les instances commerciales engagées entre étrangers, les interventions d'étrangers dans des procès entre un Français et un étranger, les saisies-arrêts pratiquées par un étranger sur un autre étranger.

La juridiction française est également appelée à connaître de l'*exequatur* pour les jugements rendus au profit d'un étranger contre une personne étrangère. Enfin la jurisprudence tend de plus en plus à admettre qu'un domicile de fait peut être attributif de compétence aux tribunaux français, surtout lorsque l'étranger n'a pas de domicile véritable, ou qu'il y a des doutes sur l'existence de ce domicile.

II

Il est temps, pour mettre fin à toutes ces controverses dont le résultat le plus clair pour les étrangers est l'incertitude de leurs droits, la perte de leur temps et le gaspillage de leur argent, d'édicter des règles formelles de nature à donner satisfaction à l'intérêt de ces étrangers, qui saisissent nos juridictions de leurs demandes, à l'intérêt de l'Etat qui doit leur assurer l'accès de ses tribunaux. Nous aurons à nous occuper successivement des étrangers domiciliés de fait en France, de ceux qui y résident, quelle que soit la nature des affaires à soumettre aux juridictions civiles françaises, enfin des personnes qui n'y ont qu'une résidence accidentelle et n'y sont que de passage.

Le principe qui doit prévaloir en ce qui touche l'étranger qui a un domicile de fait, c'est celui qui est substantiel au droit de défense d'après lequel le demandeur, dont les prétentions, si elles ne sont pas inconsidérées, du moins ne sont pas établies, ne peut assigner le défendeur devant un autre juge que son juge naturel, qui est celui du domicile : *Actor sequitur forum rei*. On devra donc procéder conformément aux dispositions de l'article 59 du Code de procédure civile. Qu'importe que le défendeur n'ait pas obtenu l'admission à domicile prévue par la loi ? L'établissement qu'il a créé, le commerce qu'il exerce, l'industrie qu'il exploite, la durée prolongée du fait de l'habitation dans le pays où il est venu se fixer révèlent suffisamment qu'il y a une position solide, une assiette stable tout comme celle du regnicole. Nous admettrions donc que les tribunaux civils français du domicile de fait des défendeurs étrangers auraient qualité pour statuer, à la requête des demandeurs étrangers, non seulement sur toutes les affaires énumérées ci-dessus dont la connaissance est attribuée par la jurisprudence à la juridiction de notre pays, mais encore d'une manière générale sur toutes les matières civiles quelconques, actions personnelles et mobilières, questions de capacité, de statut personnel, d'État, de successions, de testaments, etc.

Toutefois il y aurait lieu, en vue d'éviter que ni le Trésor, ni l'étranger défendeur ne fussent exposés à être pécuniairement lésés, de prendre les précautions requises contre le mal fondé de l'action, et l'insolvabilité possible du demandeur. Il suffirait, pour cela, d'autoriser le défendeur à user contre l'étranger demandeur du bénéfice de la caution *judicatum solvi* aujourd'hui exclusivement réservée au Français et que cet étranger serait tenu de fournir, à moins qu'il ne possédât en France des immeubles d'une valeur susceptible d'assurer le payement des frais et des dommages-intérêts pouvant résulter du procès.

A défaut du tribunal de leur domicile de fait, les défendeurs étrangers devraient être assignés devant le tribunal du lieu de leur résidence. Nulle part la loi n'a défini ce qu'il faut entendre par cette expression « résidence », sans doute parce qu'une définition en pareille matière, éminemment difficile à formuler juridiquement, rentre plus dans le domaine de l'appréciation du fait que dans celui de la détermination du droit. Sans méconnaître combien il est malaisé en l'espèce d'arriver à une suffisante précision, nous estimons que la résidence est un séjour d'une durée assez prolongée dans un pays pour présenter les garanties de stabilité relative que n'offre pas le fait d'y habiter pendant quelques jours seulement; nous croyons que l'étranger qui est resté plus de trois mois sur le territoire d'un État doit être censé y résider, tandis que celui qui y a demeuré moins longtemps, n'est qu'un simple passager, dont le séjour purement accidentel ne réunit pas les conditions juridiques nécessaires pour une large attribution de compétence. Il y a donc une distinction à faire entre les deux hypothèses différentes que nous venons de signaler, de par la nature même des choses.

Assigné devant le tribunal de sa résidence parce qu'il n'a pas de domicile de fait ou de droit, ou ce qui revient au même, parce que ce domicile est inconnu, le défendeur étranger aura toujours le droit d'exciper de l'incompétence, mais alors il sera tenu d'indiquer le lieu de son domicile et de demander son renvoi devant ses juges naturels dès le début de l'instance. S'il ne l'a pas fait en temps utile, l'irrégularité de la citation sera couverte conformément aux principes généraux de notre procédure civile. Dans ce cas, il ne s'agit pas, en effet, d'une incompétence absolue dite *ratione materiæ*, intéressant l'ordre public, opposable dès lors en tout état de cause et devant tous les degrés de juridiction, mais d'une incompétence relative provenant de ce que les conditions afférentes à la signification de l'assignation n'ont pas été observées, d'une incompétence *ratione loci* ou *personæ*, à laquelle la partie est présumée avoir renoncé lorsqu'elle ne s'en prévaut pas avant toute défense au fond. Pour les mêmes motifs, les juridictions françaises n'auront jamais le droit de se déclarer incompétentes d'office, ainsi qu'elles le font aujourd'hui au gré de leur inspiration et sans suivre aucune règle précise.

Les tribunaux du lieu de la résidence du défendeur étranger auraient à connaître de toutes les contestations dévolues ci-dessus aux tribunaux du domicile de fait. On n'entrevoit pas, en effet, qu'il y ait à établir de distinction entre elles. Quant à la caution *judicatum solvi*, il va de soi que l'étranger défendeur aurait le droit de la réclamer à l'étranger demandeur, car là où les garanties d'un domicile de fait font défaut, elle est plus indispensable encore.

Il nous reste à nous occuper des étrangers défendeurs qui n'ont chez nous qu'une résidence éphémère et purement accidentelle, qui sont de passage dans notre pays où ils séjournent depuis moins de trois mois. Pour ceux-là, l'étranger demandeur, qui veut les traduire devant la justice française, ne saurait, quant aux affaires à lui soumettre, avoir la même latitude que lorsqu'elles ont un domicile de fait ou une résidence. Cette distinction est rationnelle, car on ne peut attacher autant d'importance à un fait d'habitation de peu de consistance qu'à celui d'une résidence plus continue. se caractérisant par sa durée même. D'où la conséquence que le défendeur étranger ne devrait être assigné devant nos juges que pour certaines contestations déterminées dont la nature et l'urgence motiveraient cette compétence spéciale. Pour toutes les autres les tribunaux se déclareraient incompétents d'office. De même que dans le cas de domicile de fait ou de résidence des défendeurs, il y aurait lieu au payement de la caution *judicatum solvi* par les demandeurs étrangers.

Voici de quelles sortes de litiges les tribunaux français auraient à connaître, d'après nous, dans l'hypothèse où le défendeur étranger n'aurait dans notre pays qu'une résidence accidentelle : ils statueraient sur les questions immobilières et sur les actions commerciales, sur les demandes dérivant d'obligations formées en France, susceptibles d'y être exécutées ou contenant une élection de domicile sur le territoire français. Ils connaîtraient aussi des actions relatives à une succession ouverte dans notre pays, des demandes connexes à un procès pendant devant les tribunaux français, des actions en garantie ou reconventionnelles dans les instances déjà soumises à nos juges. Leur compétence s'étendrait également au cas de pluralité de défendeurs dont l'un aurait son domicile ou sa résidence en France, aux constatations en matière de faillite, si cette faillite avait été déclarée sur notre territoire, aux demandes d'*exequatur* relatives à des décisions judiciaires rendues ou à des actes authentiques passés à l'étranger. Il en serait de même pour les actions en mainlevée ou en validité de saisies-arrêts et, d'une manière générale, pour toutes les mesures provisoires ou conservatrices à ordonner à la requête des demandeurs étrangers, comme l'allocation d'une pension alimentaire ou *ad litem*, l'autorisation pour la femme de quitter le domicile conjugal pendant l'instance en divorce ou en séparation de corps, la garde des enfants, la protection des incapables, etc.

On sait qu'actuellement la Cour suprême, d'après une jurisprudence constante, se refuse à admettre que la violation ou la fausse application des lois étrangères puisse constituer une ouverture à cassation contre les décisions judiciaires qui les ont méconnues. Comme sanction et conséquence des réformes que nous proposons en ce qui touche les étrangers domiciliés de fait, résidant ou habitant temporairement en France, il y aurait lieu de décider que les règles relatives aux pourvois formés par ceux-ci seraient les mêmes que pour les lois françaises, et une disposition législative formelle devrait être édictée en ce sens.

Cet ensemble de modifications au régime judiciaire sous lequel vivent les étrangers dans notre pays améliorerait notablement leur situation, quoiqu'il soit moins large que le système de la commission parlementaire chargée de préparer la refonte du Code de procédure civile. Cette commission, en effet, dans l'article 10 du projet de loi qu'elle propose, assimile entièrement sous le rapport de la compétence les contestations entre étrangers aux contestations entre Français, sous la réserve toutefois d'appliquer aux premiers la caution *judicatum solvi* dont les derniers seuls bénéficient aujourd'hui. Le rapport concernant cette réforme, publié dans le *Journal officiel* du 29 décembre 1885, est motivé en ces termes qu'il est intéressant de reproduire :

«Le code ne parle pas des procès que les étrangers peuvent avoir entre eux. Dans ce silence de la loi, il est généralement décidé que les tribunaux français sont incompétents pour connaître des contestations soulevées entre parties étrangères. Les parties peuvent proposer une exception d'incompétence, et, si elles acceptent le débat, le tribunal peut, à son gré, retenir l'affaire ou se déclarer incompétent. Un tel système a les plus fâcheuses conséquences. S'il s'agit d'étrangers domiciliés en France, c'est leur imposer des frais considérables que de les obliger à aller plaider dans leur pays. S'ils sont domiciliés depuis longtemps, il arrive même qu'ils ont perdu toute attache avec leur pays d'origine et que leurs tribunaux nationaux se déclarent incompétents. Enfin, s'il s'agit d'étrangers de nationalités différentes, existera-t-il un tribunal étranger qui ait compétence?

«Dans un pays qui a toujours attiré, à raison même de ses institutions libérales, un grand nombre d'étrangers, le droit d'obtenir justice ne peut être réservé aux seuls nationaux; aussi l'article 10 du projet dispose-t-il que les tribunaux français pourront être saisis des contestations entre étrangers, comme s'il s'agissait de contestations entre Français. Il est seulement fait réserve de l'application de l'article 18 du Code civil (caution *judicatum solvi*). »

On ne saurait raisonner avec plus de justesse. Mais à quelle époque lointaine pourra être voté un projet de loi dont les pouvoirs législatifs ne sont pas même officiellement saisis? C'est ce que personne ne peut prévoir. Aussi serait-il essentiellement désirable que d'ici là la jurisprudence, renonçant à une interprétation de la loi dont on est fondé à contester l'exactitude, se ralliât à un système plus favorable tout à la fois à l'intérêt public et à l'intérêt privé.

III

Les autres nations sont déjà entrées dans la voie progressive où nous voudrions voir la France s'engager. Aussi croyons-nous qu'à la fin de cette étude une revue des dispositions admises dans un certain nombre de législations sur lesquelles nous avons pu nous procurer des documents, ne sera pas dépourvue d'intérêt. Lorsqu'il s'agit pour un peuple d'améliorations législatives qui ne sont pas incompatibles avec l'état particulier de ses mœurs, il se trouve d'autant plus disposé à passer de la théorie à l'application qu'il a sous les yeux des exemples plus concluants et plus topiques.

En Angleterre, les tribunaux s'attachent principalement au domicile ou à la résidence des plaideurs pour admettre les étrangers à faire valoir leurs droits devant eux. En général cependant, l'étranger ne peut été poursuivi que si l'objet du procès se trouve en Angleterre, ou si le défendeur y a sa résidence, ou bien si le fait d'où résulte le procès s'est passé dans le pays. Encore faut-il que l'étranger soit un étranger *ami,* car l'étranger *ennemi* ne peut ester en justice ni comme demandeur, ni comme défendeur. D'après le *Journal de droit international privé,* année 1878, page 34, les juridictions anglaises se déclarent généralement incompétentes pour statuer sur les contestations auxquelles un gouvernement étranger est intéressé.

L'Autriche ne fait aucune distinction, au point de vue de la compétence, entre les nationaux et les étrangers plaidant avec d'autres étrangers. A tous s'applique la règle : *actor sequitur forum rei.*

Il en est de même en Allemagne (Code de procédure civile, art. 12 et 13 ; Code d'organisation judiciaire, art. 18). La loi dispose que le tribunal auprès duquel une personne a son statut général de juridiction est compétent sur toutes les actions à intenter contre cette personne, tant qu'un statut spécial de juridiction n'est pas établi pour une action. Ce statut général est déterminé par le domicile ; que le défendeur soit un national ou un étranger, peu importe, la règle est générale et absolue. Le Code d'organisation judiciaire ne fait exception que pour les chefs et les membres des missions diplomatiques accréditées auprès de l'Empire allemand, lesquels échappent à la compétence des tribunaux nationaux.

Dans les Pays-Bas, il est généralement admis que les tribunaux hollandais sont compétents, quel que soit le lieu où l'obligation dont on demande l'exécution ait pris naissance.

En Suisse, l'article 59 de la Constitution fédérale du 29 mai 1874 dispose que tout débiteur solvable, domicilié sur le territoire de la Confédération, doit être actionné en matière personnelle devant le juge de son domicile. Cette règle s'applique aussi bien aux contestations entre étrangers qu'à celles qui s'élèvent entre nationaux. La loi fédérale sur la capacité civile du 22 juin 1881 (art. 10) contient même une disposition qui est contraire à tous les principes qui régissent le statut personnel. Après avoir édicté que la capacité civile des étrangers est réglementée par le droit de leur pays, elle ajoute que l'étranger qui, en vertu du droit suisse, possède la capacité civile, peut s'obliger valablement par les engagements qu'il contracte en Suisse, alors même que cette capacité ne lui appartiendrait pas d'après les lois de sa patrie. Cette infraction à toutes les règles applicables pour le statut personnel nous paraît si abusive que nous avons cru devoir la signaler, bien qu'elle ne se rattache pas directement à notre sujet. Cependant, à tout prendre, si ces engagements donnent lieu à des contestations, ce sont les tribunaux helvétiques qui, seuls, ont qualité pour statuer.

Le *svod* russe n'admet aucune distinction, au point de vue de la compétence, pour les procès entre Russes et étrangers ou entre étrangers seulement. Il en résulte que les tribunaux de chaque État, dans la pensée du législateur, ont qualité pour juger toutes les contestations qui se produisent dans leur ressort, abstraction faite de la nationalité des parties, lorsque l'étranger défendeur a un domicile ou une résidence dans ce ressort.

En Italie, le Code de procédure (art. 105, 106 et 107) et le Code civil (art. 3) combinés attribuent aux étrangers le droit de plaider en général devant les tribunaux, mais dans la pratique ce principe n'est pas sans subir quelques exceptions. Ils disposent que les étrangers qui ne résident pas dans le royaume peuvent être assignés devant les juges italiens, encore qu'ils ne s'y trouvent pas, s'il s'agit d'une action sur biens immobiliers ou mobiliers existant dans le pays, ou bien d'obligations provenant de contrats ou de faits accomplis dans le royaume, ou encore qui doivent y recevoir leur exécution. Il en est de même pour tous les autres cas pour lesquels cela peut avoir lieu en vertu de la réciprocité. En outre, si les étrangers résident dans le royaume, bien qu'ils ne s'y trouvent pas actuellement, ou s'ils s'y trouvent, quoiqu'ils n'y résident pas, on a le droit de les citer devant les tribunaux italiens pour obligations contractées en pays étranger. Quand enfin l'étranger n'a, sur le territoire du royaume, ni résidence, ni demeure, ni domicile élu, et quand aucun lieu n'a été déterminé pour l'exécution de l'obligation, l'action personnelle ou réelle mobilière est portée devant le juge du lieu dans lequel le demandeur a son domicile ou sa résidence. On voit quelle différence il y a entre cette disposition dictée en quelque sorte par les nécessités de la pratique des affaires, et le privilège de juridiction établi par l'article 14 de notre Code civil au profit des Français.

La Belgique a modifié les règles du droit français par la loi du 25 mars 1876, comprenant le titre Ier du livre préliminaire du nouveau Code de procédure civile. Les étrangers peuvent être assignés soit par un Belge, soit par un étranger en général devant le tribunal de leur domicile ou de leur résidence et, en matière mobilière, devant le juge du lieu où l'obligation est née ou doit être exécutée, ainsi que devant le tribunal du domicile élu pour l'exécution d'un acte. Mais la compétence des tribunaux est restreinte à certaines matières déterminées. Ils statuent sur les questions immobilières, sur les demandes dont la base est une obligation formée et exécutoire en Belgique, sur l'action relative à une succession ouverte sur le territoire belge, sur les demandes en validité ou en mainlevée de saisies-

arrêts pratiquées en Belgique, et généralement sur toutes mesures provisoires ou conservatoires. Les juridictions belges connaissent également
des demandes connexes à des procès déjà soumis à la justice du pays,
des actions tendant à faire déclarer exécutoires en Belgique des décisions
judiciaires rendues ou des actes authentiques consentis à l'étranger. Leur
compétence enfin s'étend aux contestations en matière de faillite, quand
cette faillite est ouverte sur le territoire belge, aux demandes en garantie
ou reconventionnelles, lorsque la demande originaire est pendante devant
les tribunaux nationaux, aux affaires où il y a plusieurs défendeurs, dont
l'un a dans le pays son domicile ou sa résidence. Dans tous les autres cas,
l'étranger peut, si ce droit appartient au Belge dans le pays de cet étranger,
décliner la juridiction des tribunaux belges ; mais, s'il ne le fait pas dans les
premières conclusions, le juge doit retenir la cause et y faire droit. Cette
réciprocité est constatée soit par les traités conclus entre les deux pays,
soit par la production des lois ou actes propres à en établir l'existence.
L'étranger défaillant est présumé décliner la compétence de la juridiction
belge.

En Espagne, les tribunaux sont compétents pour statuer entre-étrangers
sur toutes actions relatives aux obligations contractées dans le royaume,
ou qui y sont exécutoires, aux immeubles qui y sont situés, ou encore,
lorsqu'il s'agit de mesures urgentes à ordonner en toutes matières. On suit
alors la règle : *actor sequitur forum rei.*

Le Code civil portugais de 1867 attribue aux étrangers qui voyagent ou
résident dans le royaume les mêmes droits et les mêmes obligations civiles
qu'aux citoyens portugais, en ce qui concerne les actes qui doivent pro-
duire effet en Portugal. Il n'en est autrement que dans les cas où la loi le
déclare expressément, ou lorsqu'il existe un traité qui détermine d'une
autre manière les droits des étrangers. L'étranger peut être traduit par un
autre étranger devant la justice portugaise pour les obligations contractées
en Portugal, s'il se trouve dans ce pays. En ce cas, c'est le tribunal du
domicile ou de la résidence du défendeur qui est compétent.

Nous n'avons pu nous procurer des renseignements utiles sur les législations hispano-américaines que pour deux pays, le Pérou et le Mexique.
L'étranger y est traité de la manière la plus libérale.

Au Pérou, d'après M. de la Grasserie, les étrangers ont en principe la
jouissance de tous les droits civils. Ils peuvent être cités devant la juridiction péruvienne pour l'exécution de leurs obligations, même contractées à
l'étranger, lorsqu'ils se trouvent sur le territoire de la République. Quand
ils y ont leur domicile, ils sont justiciables des tribunaux du Pérou partout
où ils se trouvent. Bien qu'absents du territoire, ils peuvent y être actionnés
s'il s'agit de biens situés au Pérou, d'une action civile née d'un délit ou
d'une faute commis dans le pays, ou d'une obligation contractée par un
étranger dans laquelle a été stipulée la compétence de la justice péruvienne.

Pour toute obligation formée à l'étranger, on doit juger d'après la loi du pays où elle a pris naissance quant à tout ce qui n'est pas défendu par la loi péruvienne; sauf le cas de convention expresse pour l'application de cette dernière.

Au Mexique, en vertu de la loi du 28 mai 1886, les étrangers jouissent des mêmes droits civils que les nationaux, à part quelques exceptions dérivant en général du principe de réciprocité. Ils peuvent être actionnés devant les tribunaux mexicains pour les obligations contractées soit au Mexique, soit au dehors avec d'autres étrangers, même lorsqu'ils ne résident pas sur le territoire de la République, s'ils y possèdent des biens affectés à ces obligations, ou lorsqu'elles y sont exécutoires.

Des peuples nombreux, on le voit, ont adopté un régime moins restrictif que le nôtre à l'égard de l'étranger, et cela doit nous engager à nous départir de la rigueur avec laquelle nous lui fermons l'accès de nos tribunaux. Nous nous sommes efforcé de démontrer que les étrangers ne sont pas des parias juridiques, qu'ils ont le droit d'obtenir justice partout où ils se trouvent, et qu'à ce point de vue, la jurisprudence française, dans la détermination de la compétence de nos juridictions, avait fait fausse route. Pour y obvier, nous avons proposé que les étrangers domiciliés de fait en France puissent être traduits devant la justice française, sans qu'elle ait le droit de se déclarer incompétente d'office, que ceux qui n'ont qu'une simple résidence dans notre pays soient justiciables de nos tribunaux et que ceux-ci n'aient plus la faculté de retenir ou d'écarter la cause à leur gré, l'incompétence qui est purement relative ne devant être invoquée par le défendeur qu'avant toute défense au fond. Quant aux étrangers qui n'ont en France qu'une résidence accidentelle, nous avons admis la compétence de notre juridiction civile pour certaines affaires déterminées. Dans les trois cas, nous avons soumis le demandeur à la caution *judicatum solvi* dans l'intérêt, tant du Trésor que de la partie assignée, et nous décidons que les pourvois en cassation porteront dorénavant aussi bien sur la résolution des lois étrangères que sur celle de la loi française. Ces garanties, ces conditions imposées à l'étranger sont-elles suffisantes pour que les modifications apportées à la pratique actuelle de notre droit soient dépourvues de tous inconvénients? Telle est notre conviction, et nous espérons qu'elle sera partagée par tous ceux qui prendront connaissance de notre travail sur cette intéressante question.